話頭
365

釋繼程————

著

365
Huatou
Practices

編 者 序

　　生從何來，死往何去？如何打開慧眼看世間，來去自在？《話頭365》提供話頭禪的生命智慧，讓想要體驗禪心過生活的人，透過繼程法師的醍醐妙語，能以一日一禪語的方法，覺醒生活，體會話頭禪味。

　　本書精選繼程法師的十六本著作：《活水源頭》、《百尺竿頭》、《頭上安頭》、《提起話頭》、《默照源頭》、《紅塵回頭》、《棒喝當頭》、《默照話頭》、《何處盡頭》、《分水嶺頭》、《話說從頭》、《又再出頭》、《認影迷頭》、《回到話頭》、《有啥看頭》、《不住兩頭》，除《活水源頭》和《百尺竿頭》為法露緣出版社所出版，餘書皆由怡保觀音堂法雨出版小組所出版，收錄二〇〇二年至二〇一七年的隨筆法語。《話頭365》由近四千三百篇作品中，精選三百六十五篇，每篇文末註明原書出處，方便讀者查閱。

　　不戀過去，不憂未來，努力當下，藉由話頭智慧，明白心的本來面目，解脫煩惱的禪機，盡在繼程法師的《話頭365》，待您一參究竟！

法鼓文化編輯部

念至統一心，間而生疑情

參凝成疑團，如入黑漆桶

桶底脫落際，本來面目現

迷而看話頭，修定養聖胎

不悶我是誰，理他誰是我

天天看話頭，三百六十五

序話頭三六五

辛丑首初六 太平繼程芯題

未生我是誰　已生誰是我

生命有疑情　日日上心頭

一念未生前　本來面目誰

時時提話頭　念而問而參

目錄

春夏秋冬

之話頭

01

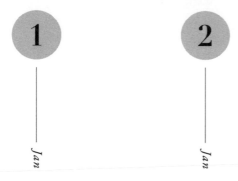

1 ——— *Jan*

2 ——— *Jan*

話中有話
頭上無頭
參個話頭
破黑漆桶

一切唯心造
那我們要為自己
造出怎樣的世界呢

摘自《默照話頭》

摘自《頭上安頭》

春之話頭 **01**

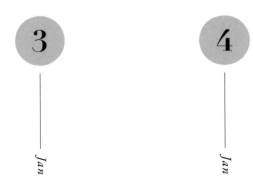

3

Jan

4

Jan

生從何來不知處
死往何去無盡期
生死大事何時了
提起話頭參禪去

摘自《認影迷頭》

不信不疑　不疑不悟
小信小疑　小疑小悟
大信大疑　大疑大悟
無信無疑　無疑無悟

摘自《話說從頭》

人不斷地對外探索
卻甚少對內心做更深地探索
其實這才是根本問題
了解宇宙
乃至征服宇宙
卻內心迷失
征服不了自己
那又如何呢

摘自《何處盡頭》

春之話頭 **01**

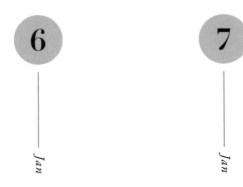

6

Jan

7

Jan

禪
直見無相
直透無性
直悟無心
直證無生

摘自《紅塵回頭》

行也話頭　坐也話頭
吃也話頭　睡也話頭
早也話頭　晚也話頭
除了話頭　還是話頭
猛參話頭　頭上加頭
有頭找頭　參到大頭
參破話頭　除頭上頭
見到原頭　無話無頭

摘自《百尺竿頭》

話本無頭尾　　未生謂話頭
說時是話身　　已說成話尾
凡夫執話尾　　起種種分別
引生種種苦　　造作種種業
行者見話身　　依之而分析
若見其非實　　不執心遠離
修禪參話頭　　疑情而內探
見心未生處　　即本來面目

摘自《默照話頭》

春之話頭 **01**

9

Jan

禪
開悟
如飲水
自品自知

禪
亡言
聖默然
心行處滅

禪
寂靜
孤身遊
千山獨行

禪
遊戲
樂逍遙
隨緣自在

摘自《紅塵回頭》

緊了就鬆吧　忙了就閒吧
天下本無事　無求即無擾
執了就捨吧　迷了就悟吧
是佛或是魔　就在一念間
若不求不逐　一念迷成悟
源自清淨心　直從心流露

摘自《不住兩頭》

春之話頭 01

11

Jan

每個人都擁有一樣的每一天
但每個人選擇的
每一天的生活方式
卻都不同
有人選擇快樂的
有人選擇苦惱的
快樂和苦惱
其實並不是外境引起的
而是由每個人的心
所做出的選擇

摘自《頭上安頭》

Jan

活在當下　　過去已逝　　未來未至　　現在不住
念念無住　　念念安住　　即生即滅　　不生不滅
活在當場　　處處是家　　處處非家　　處處隨緣
不是歸人　　不是過客　　歸非歸處　　過非過處

摘自《百尺竿頭》

13

生命本身即是大疑團
生從何來死往何去
是最大的疑情
而人身如此微妙的結構
心理如此奧妙的運作
都是疑團
如果從這些方面去深入追問
亦可形成疑情疑團
而生命的本來面目
從此切入還怕見不到嗎

摘自《提起話頭》

懂得欣賞自己優點的人
才能有自信去欣賞他人的優點
了解自己的缺點並懂得調整
才能接受乃至包容他人的缺點

摘自《不住兩頭》

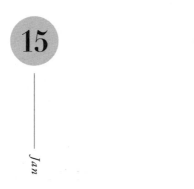

15

Jan

16

Jan

吾心為悟
吾言為語
語是通往悟的門徑
無心可安　　　　但若止於言仍是言語
無禪可修　　　　需得入於心方為心悟
無性可見　　　　故知心行方能悟
無事可忙　　　　言行只是語

摘自《默照話頭》　摘自《默照源頭》

晨早道早安
晚間晚上好
只顧對人說
忘了對己道

早晨早上好
晚上道晚安
除對他人說
也對自己道

只懂對人好
不懂對己好
誤解慈悲義
難成就雙好

要對他人好
也對自己好
自己若安好
一切皆安好

摘自《紅塵回頭》

18

Jan

19

Jan

開悟是不能去等待而得的
只是用心地修行　實踐
因緣具足時
自然開悟去
等待開悟的人
是永遠不能開悟的

禪修見性開悟
其實並不是得到什麼
因為開悟見的空性
從來沒失去過

摘自《何處盡頭》

摘自《默照話頭》

20

Jan

快樂不快樂
在心不在外境
但多數人的快樂
卻受境的影響
如何使心的快樂
由心決定
而不受外境影響
正是修心的功能
修心工夫上軌道
就能持續地使心保持快樂
這不是逃避外境
而是無掉心中
一切不快樂的因素
若要究竟快樂
則需連心也空了
快樂也空了
超越了快樂和不快樂
那才真正究竟快樂

摘自《紅塵回頭》

春之話頭 **01**

21

Jan

頭上無頭偏安頭　頭安反而心不安
若見頭上原無頭　頭上無頭心自安
話中有頭不見頭　掉入話中不知道
若見原來話中頭　一念不生即話頭

摘自《不住兩頭》

22

Jan

禪修如上班　乃為平常事
上班去禪修　人群中鍊心
禪修即生活　生活即禪修
無二無分別　是為禪生活

摘自《話説從頭》

23

Jan

真實與虛幻其實是一體的
感官感覺很真實的現象
其實是虛幻不實的
而在心裡知道虛幻不實的相
卻是一切法的真實相

摘自《默照源頭》

Jan

念話頭

初學打坐妄念多　提起話頭來收攝
持念話頭鬆身心　身心放鬆漸安定

問話頭

身心安定提話頭　要問生死起疑情
探入深心無底處　煩惱妄念漸擺脫

參話頭

疑情參成大疑團　身心盡在疑團中
黑漆洞裡心不懼　桶底脫落無一物

看話頭

參破話頭見無我　再無閒事掛心頭
隨時隨機度眾生　工夫保任看話頭

摘自《百尺竿頭》

春之話頭

01

25

未知生　焉知死
未知死　焉知生
生死是一體的
分開處理往往只看到一邊
對未知的邊必產生恐懼
若從一體來看
兩邊皆通達了
又知是一體的
那就不需再有罣礙或恐懼
心就安了自在了

摘自《不住兩頭》

26

——

Jan

不戀昨日情
不憂明日事
且隨今日緣
隨緣便自在

摘自《活水源頭》

春
之
話
頭

01

27

Jan

一句話可以開啟他人
也可以傷害他人
一句話可以溝通
也可以爭執
因此講一句話時
要以慈悲與智慧
讓一句話總是往善的
正的清淨的方向去

摘自《紅塵回頭》

28

Jan

憂者總是從好的一邊
看到不好的一面
樂者卻可以從不好的一邊
看到了希望
無憂無樂者
好壞任由它
天天過日子
開悟者
只活在當下
日日是好日

摘自《活水源頭》

之
話
頭
01

32

話頭是話未生起之前的狀態
即是本來面目
因此話頭也不是修而得見的
但有話即非話頭
而是話身話尾
因重重話身話尾
而話頭不顯
面目全非
故在重重話身話尾中
找一「話頭」為柄
借此「話頭」
層層掀開
層層透過
終而在重重話身話尾包圍中
脫困而見著話頭
見著本來面目

摘自《默照話頭》

生活其實非常單純
飢來吃飯睏來眠
生活變得不單純
因為百般籌量
千般計較
禪就是讓我們回到
生活最單純的意境
飢來吃飯睏來眠
在吃飯睡眠時
好好地吃
好好地睡

摘自《頭上安頭》

春之話頭　01

31

Jan

念話頭時
一句話頭就是一句話頭
問話頭時
一句話頭問成一個疑情
參話頭時
一個疑情參成一大疑團
參破疑團時　虛空粉碎
人也粉碎　話頭也粉碎
人融入了一切存在
一切存在也融入了人
人與一切存在都存在
只是我不存在了
話頭融入一切
一切也融入話頭
話頭即一切　一切即話頭
此時看個話頭就看一切
看一切就看個話頭
保養聖胎去
訶佛罵祖去

摘自《提起話頭》

萬法歸一　一歸何處

春至百花開　夏有好風涼
秋空明月照　冬天雪花飄
日日是好日　月月有滿月
年年皆新年　生生即無生

摘自《百尺竿頭》

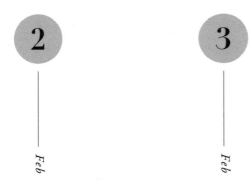

2

Feb

3

Feb

問世間禪為何物　　　各有因緣莫羨人
直參人生死大事　　　各有因緣莫嫉人
問世間禪為何物　　　各有因緣莫仿人
直見心本來面目　　　各有因緣莫拒人

摘自《何處盡頭》　　　摘自《活水源頭》

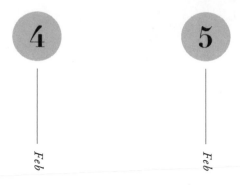

覺照當下
活在當下　　　　苦是來自對過去的放不下
享受當下　　　　對未來的心不安
無住當下　　　　對現在的不滿足

摘自《紅塵回頭》　　摘自《棒喝當頭》

6

Feb

7

Feb

每天都是今天
每一天都得
將心安住於當天
放下昨天
不去罣礙明天
日子一定過得更有活力
更有情趣

摘自《頭上安頭》

念問參破看話頭
話頭方法有次第
精進用功次第行
破參頓悟見空性

摘自《默照話頭》

8
Feb

9
Feb

當平心地　大地皆平
若安心已　一切皆安
回歸本性　實非回歸
不來不去　不去不來

摘自《有啥看頭》

不足中知足
匱乏中滿足
知足心常樂
滿足心無求

摘自《話說從頭》

10

生活中必須做的事
用心做好
生活中應該做的事
盡心盡力做好
生活中可以做的事
隨分隨力做好

生活中可以不做的事
能不做就不做
生活中應該不做的事
那就不做
生活中必須不做的事
千萬不做

摘自《活水源頭》

11

對生命的疑情是生命的自覺
因此自覺而去探索生命的本質與意義
故而有了宗教信仰或哲學思想
從古人的智慧中去尋找
若找到了答案
便安頓了身心
安心地過有意義有價值的人生

摘自《不住兩頭》

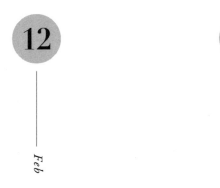

12
— *Feb*

13
— *Feb*

不做事　無事做
不是無事
心中無礙掛
才是無事

工作會讓人疲累
那是一種厭倦的感覺
能在工作中不疲累
而保持高度興趣
才是真正專業
才是真正投入
其中就有禪味

不做事　無事做
不是悠閒
心中無牽掛
才是悠閒

摘自《話說從頭》

摘自《活水源頭》

失馬知非禍　得馬知非福
世間諸現象　皆具兩面向
福可能轉禍　禍可能轉福
面對福或禍　無需喜或憂
福如實面對　禍亦復如是
心中坦蕩蕩　福禍無喜憂
若知福與禍　皆空無自性
虛妄非真實　能隨緣遊戲

摘自《百尺竿頭》

15

Feb

沒有時間觀念
而無所事事
是懶散的人
有時間觀念
卻無所事事
是無力的人
有時間觀念
事事準時
是勤力的人
超越時間觀念
仍事事準時
是自在的人

摘自《話說從頭》

16

Feb

覺得自己比別人幸福
或覺得別人比自己幸福
都有分別高下之心
不能真正體會幸福
覺得一切人都一樣幸福
只是每個人的幸福
都不會相同
就真正體會幸福的意義了

摘自《棒喝當頭》

春之話頭

02

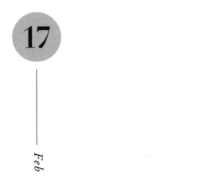

17

Feb

刻意的忘記是一種避開
無意的忘記是一種癡呆
放下的忘記是一種自在

摘自《認影迷頭》

18

Feb

過去的經驗
不能重複
只能參考
未來的企盼
不能追逐
只能發願
現在的真實
不能停滯
只能無住

摘自《話說從頭》

吸收了更多的知識與學問
是轉化為智慧
還是變成了所知障

摘自《活水源頭》

學習是活的
模仿是死的
一味地模仿
會死在句下

摘自《棒喝當頭》

21

佛法是生命的智慧
要用整個生命去體會
禪是通往生命本來面目的途徑
修禪即是要見到生命的本來面目

摘自《提起話頭》

話頭為刃
直入心中
層層切開
揪出真我
見真我之真
實為虛妄之真
粉碎真我而見無我
見無我而開悟成佛

摘自《默照話頭》

水聲鳥聲機器聲
聲聲入耳皆是聲
聲聲本身無分別
欣悅厭噪是人心

摘自《百尺竿頭》

春之話頭 **02**

24

應該做的事
就直接去做
如何知道是應該做的事
這需由心決定
外在的理或律會讓人知道
而更重要的是心
心在做決定時
其判斷的準確性的高下
看智慧的高低
智慧愈高者判斷愈準確
故愈能隨順當下因緣運行
故修心修慧是一切行的根本

摘自《有啥看頭》

避開許多複雜的用法
而回到話頭最簡單的方法
念就是念
問就是問
參就是參
沒有用力
沒有雜亂用心
沒有加工
沒有幻想幻相
破參後更簡單
看就是看

摘自《何處盡頭》

春之話頭

26

心無貪欲
沒有追逐
心的空間就會無限

心無瞋恚
沒有對抗
心的空間就會寬大

心無愚癡
沒有蒙蔽
心的空間就會清明

心無驕慢
沒有分別
心的空間就會平等

心無懷疑
沒有排斥
心的空間就會開放

摘自《話說從頭》

頓悟之法
需身心全然放鬆
方能直入直取
若無身心所應具之條件
想直入卻不得其門而入
想直取卻無法可取
故仍需回到前方便之修持
待身心所需條件具足
乃可直入頓入
直取頓取也

摘自《默照話頭》

28

話頭禪與其他禪法不同之處
即是此生命疑情
傳統禪法乃至默照禪
都是循著佛陀的教導而行
有了生命的答案
通過禪法的修持去印證
話頭則是以疑情為修行之關鍵
繼續探入
一定要親見本來面目
故話頭需要很放鬆的身心
才能發揮更大的力量
來達到明心見性的目標

摘自《不住兩頭》

生命旅程中　需妥善安排
修行排第一　其他照序排
生命之疑情　非一般可解
需深入心中　方能解疑情
是故需修行　修行即修心
通過善方便　深入於內心
層層剖析心　層層擺脫結
把心看透徹　見心非實有
心既本無我　疑情自脫落
煩惱隨之脫　無我即解脫

摘自《百尺竿頭》

生命的智慧
是要整個生命
去參透悟入的
因此少了大信心
大願力大勇猛
並對生命起了大疑情
是無法企及的
一般禪修者也許能品嘗智慧
但往往淺嘗即止
只有大修行人
方能臻此

摘自《紅塵回頭》

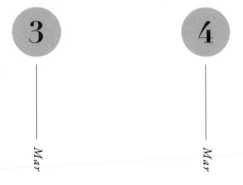

聲音來了
聲音去了
來之前沒有聲音
只有在來去之間
聲音在流動

話頭從心起
亦可由師授
重點在疑情
本來面目誰

聲音是實有
還是虛妄呢

摘自《活水源頭》

摘自《不住兩頭》

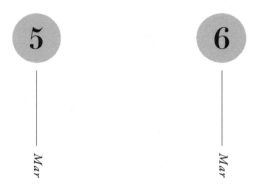

5

Mar

6

Mar

惡劣的生存條件
磨鍊出生存智慧
種種的生活經驗
提煉出生活智慧

心若空無相
即無是非
外在的是是非非
便不擾心了

而生命的智慧
則是從生死疑情出發
通過禪修方法而證悟的

摘自《默照話頭》

摘自《紅塵回頭》

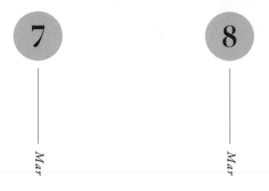

7 —— *Mar*

8 —— *Mar*

話頭提起　念至一心
攝心內向　還問話頭
疑情生起　參成疑團
疑團參破　見性開悟
悟後保任　還看話頭
話頭一句　終生受用
話頭再提　棒喝逼拶
苦口婆心　禪眾受益

摘自《何處盡頭》

與其追悔
不如面對
乃至放下
才有轉機

摘自《活水源頭》

春之話頭 **03**

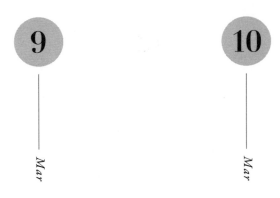

9

Mar

10

Mar

一般的觀念裡
話頭是緊的方法
默照是鬆的方法
這只是表相
真正用得上工夫
必然是完全的放鬆
愈放鬆則工夫愈用得好
反之亦然

摘自《不住兩頭》

禪者若錯知或不具
空性見　無我見
不是落入虛無斷滅見
而不敢見空證無我
便執取種種相為悟境
皆不能開悟見性

摘自《默照話頭》

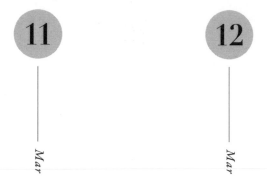

用小聰明參禪
終是要走入歧途的
必須有大智慧
才好參禪
才能頓悟
若尚未具此條件　　如來境界　不可思議
寧拙勿巧　　　　　是諸法空　不生不滅
寧可老實地用笨方法　我與無我　不落二邊
切勿用聰明取巧　　　聞法趣入　不去不來

摘自《何處盡頭》　　　摘自《不住兩頭》

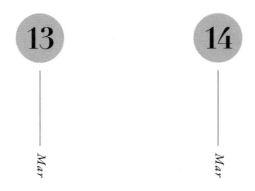

13

Mar

14

Mar

品過禪味
一切皆具禪味
因一切皆空
正因其空　　　　　禪
具足禪味　　　　　是還一切相的本來面目

摘自《又再出頭》　　　摘自《默照話頭》

15

Mar

16

Mar

本來無物　源頭活水
自了生死　性相無礙
天天隨緣　真閒道人
佛性空性　無二無別

摘自《有啥看頭》

得意莫忘形
失意勿傷情
得失心俱捨
無喜亦無憂

摘自《活水源頭》

春之話頭 **03**

心安當下來禪修　雖不求悟悟已在
當下受用當下悟　凝聚所悟能徹悟
若是只想求開悟　追逐開悟未來心
未來心既不可得　所求開悟不可得

摘自《認影迷頭》

念話頭不是重複念話頭
而是時時提起話頭
重複念會成慣性
話頭就無力了
時時提起　不間斷持念
話頭才是活的　工夫才能成片
而達到某種程度的專注或止
將話頭轉入追問方法
其實在提話頭時
已可將話頭提成疑問式
話頭成片繼續追問
力量凝聚而加強
漸漸問出了疑情來
繼續深入將問轉入參
則疑情漸漸更凝聚
更深入更有力而凝成團
這即是參話頭的方法
參破話頭是接下來
因緣具足時會自然發生的事了

摘自《提起話頭》

19

Mar

20

Mar

無修想頓悟
頓悟在驢年
勤修不求悟
緣具自頓悟

摘自《何處盡頭》

求得會失　修得會退
當下現成　悟之即是

摘自《頭上安頭》

21

——

Mar

多數人在遭遇衝激性事件時
都會有負面反應和後遺症
但也有人因此改變人生觀
正面而積極地面對生命
乃至對生命起疑情而參禪修行
開啟生命的悟境

摘自《認影迷頭》

春之話頭 **03**

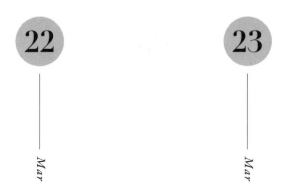

22

Mar

23

Mar

妄心用話頭
話頭在妄念堆中
也成了妄念
在用方法時過猛地用力
熾盛的妄念
攪動了更多的妄念
結果妄念成疑情　　　禪
妄念變答案　　　　　不在打坐中求
於是一堆的「開誤」　而在日常生活中
就出現了　　　　　　用心體會

摘自《又再出頭》　　　摘自《活水源頭》

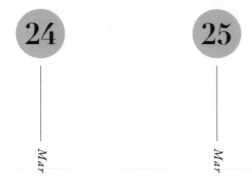

一念未生　無念無心
一話未起　起頭何來
話頭參究　參究話頭
為要參破　話前之頭
為要參透　本來面目
話頭參破　粉碎虛空
面目參透　無面無目

修禪即修心
心正行自正
心平境亦平
心淨一切淨

摘自《何處盡頭》　　　摘自《默照話頭》

26

——

Mar

行善不為人知
不為人知而持續行善
那是內心的一種信念
相信行善是人生的
一種義務或責任
不需外來的肯定
不需未來的獎賞
既然是應該做的事
就直接去做了

摘自《有啥看頭》

禪修非不可言悟　禪修目的即開悟
正禪修時當下心　捨求開悟未來心
禪修當下悟當下　過現未來心皆捨
念念當下心無住　徹見空性當下悟

摘自《認影迷頭》

28

世人總在文字堆裡鑽
在文字堆裡找真相
文字堆裡有真相嗎
文字堆裡所謂的真相是真相嗎
世人已被文字縛久了
離開文字
更難顯出真相
就在文字堆裡要
顯真相之際
超之而出
不受其縛
真相大白矣

摘自《頭上安頭》

禪
直心
平常心
無住生心

禪
佛心
無自性
明心見性

禪
唯心
如來藏
常樂我淨

禪
無心
無罣礙
任運自然

摘自《紅塵回頭》

春之話頭

03

禪修時心態簡單
只是練習方法
應用方法將煩惱雜染
層層剖析清理
本然性的悟性就會顯露而運作
這就是方法的功能

摘自《不住兩頭》

31

Mar

緣起無自性
無始亦無終
生死固然非始終
解脫亦無有始終

生死是事相
解脫是悟理
事相生滅無自性
悟理不生亦不滅

生死無自性
無自性解脫
生滅既無有始終
解脫亦無有始終

看似兩回事
其實理一般
執有自性落生死
證無自性即解脫

生死與解脫
無二亦分別
見事明理空無礙
不落始終了生死

摘自《活水源頭》

春 夏 秋 冬

之 話 頭

不論老參新參
會參禪的都是好參
不論老參新參
發心單純才能參好　　　有相無相　　皆是虛妄
不論老參新參　　　　　不取有相　　不取無相
只問禪修不求開悟的　　不捨有相　　不捨無相
才是真參　　　　　　　不取不捨　　不捨不捨

摘自《話說從頭》　　　　摘自《百尺竿頭》

夏
之
話
頭

04

3

Apr

放下求自在的心
當即自在

放下滅煩惱的心
煩惱即滅

摘自《活水源頭》

Apr

妄念像頑皮又過動
或有破壞力的小孩
不論以什麼方法應對
都會陪你玩到底
驅趕　引誘　打罵　安撫
等等手法
會增加它們的玩興樂趣
只有完全地不理會
不論它們如何逗你
或拉扯打踢
都一概全然地不理默然
在它們覺得你很無趣時
便悄然離去
甚至從此不再找你玩了

摘自《默照話頭》

5

Apr.

當下即是　當處即真　當體即空　當心即淨
不生不滅　不去不來　不增不減　不垢不淨
一切因緣　當即具足　一切現成　當即圓滿
心行處滅　言語道斷　滅處行心　斷道語言

摘自《認影迷頭》

本來面目
簡單清淨
但世人心雜染
反而不喜歡
卻喜弄個複雜
可能很華麗的假面目
染著而迷惑
何時醒覺
想見本來面目

摘自《又再出頭》

三毒習氣似頑固
實如水泡之虛妄
眾生出沒因三毒
若見虛妄了生死

摘自《有啥看頭》

8

Apr

餓了就吃吧　睏了就睡吧
生活即如此　簡單而實際
渴了就喝吧　累了就歇吧
不需多計較　一切皆平常
簡單而實際　平常心即是
從直心流露　源自清淨心

摘自《不住兩頭》

9

Apr

不論住於何處
業緣皆平等
環境所現的相
皆有正負兩面
故人間沒有天堂
也沒有地獄
天堂與地獄
皆在人心

摘自《話說從頭》

10

Apr

曹溪一滴水　八萬四千法
　法法皆空　法法皆有
　空故無相　有故善巧
　空故無住　有故隨緣

摘自《提起話頭》

Apr

話頭工夫較淺時
也是有時空觀念的
深入而身心在疑團中時
就失去時空觀念
日常生活中用話頭
不得入於疑團
否則與客觀時空分離
是會出問題的
故只需提提話頭
念念或稍微問問
以話頭為攝心之用
或讓話頭常與心相應
而不疑出大的疑情

摘自《默照話頭》

夏
之
話
頭
04

頓悟法門
非憑空而生
乃建立於穩實的基礎上
也即是專注覺照統一的止或定
再依此而深化照的作用
也即是觀想或直觀法的本性
如此則能透見空性而開悟
故頓悟法門
需具足功德與條件
方能直入而成就

摘自《認影迷頭》

13

人人有本難念的經
經的內容隨著個人的成長
個人的經歷及個人的改變
而不斷地調整
有的人愈念愈難念
有的人則愈念愈容易念
乃至有人已把此經放下
也有的人在易念時
或放下時
去助他人念他們難念的經

摘自《何處盡頭》

夏之話頭 **04**

14

Apr

活在當下　享受過程
無始無終　無求無住
因緣流動　生命流轉
無常無我　無來無去
法爾本然　佛性本淨
無生無滅　無空無有

摘自《不住兩頭》

15

Apr

禪是活的
禪的傳達也是活的
因此不立文字
即一切皆文字
不需特別再設立文字
能傳達禪的媒介
不論是什麼
都是文字
活用了文字
禪也活了
這才是禪

摘自《又再出頭》

夏之話頭 04

16

Apr

默照心本具足
話頭本來面目
皆非修而能得
亦非修而能證
因此一切修法
皆為善巧方便
淨心中之雜染
除心中之客塵
雜染淨客塵除
本淨心性露現
默照心歷歷然
面目本來自然

摘自《默照話頭》

17

Apr.

人要活得快樂
其實是簡單的
只要心態調整了
將慈悲和善意散發
我樂人樂
人樂我樂
也就快樂了

摘自《話說從頭》

身必然受到時空限制的
但心都可以超越
而超越就是要能
放下

摘自《活水源頭》

修行即修心
修心正其心
心正行自正
是名真修行

摘自《默照話頭》

前生沒帶來　死後帶不去
這個臭皮囊　原來是道器
雖會老病死　健康要愛惜
經常要放鬆　養生多休息
如果照顧好　打坐不干擾
耐坐得輕安　禪修精進好
身調心易調　調心修定慧
定慧若成就　身心皆自在

摘自《話說從頭》

提起話頭
就是提起方法
因為話頭是參禪的方法
至於其他方法
也是如此
需要時時提起
不失念不妄想
方法才能成片
當方法成片而能任運自然時
就不再刻意提起
但不提而提提而不提
方法已在自然運作中
若修止則能入定
若修觀則能發慧了
提起方法
時時處處

摘自《提起話頭》

22

Apr

禪
活著真好
死亦復佳
生死自如
來去自如

摘自《紅塵回頭》

23

Apr

若有期望
就會失望
沒有期望
則沒失望
只要有願
再去完成
不需期望
也有希望
卻沒失望

摘自《話說從頭》

夏
之
話
頭

04

24

不少禪眾是追求開悟
以為開悟就一切都解決了
因此心掛於未來
而不懂當下直接受用
所以禪修成了一種負擔和期盼
常常是開悟沒來受用不到
修了一輩子都還在追逐和期待中

摘自《認影迷頭》

Apr

生命的參究
莫偏於解或行的一邊
應解與行並進
解與行相輔
解多少而行多少
行多少而解多少
如此或許可以避免
因解多行少而困惑
或解少行多而走偏
踏實　平衡
應是較好的方式

摘自《默照話頭》

26

Apr

不論從任何角度看
死　應該都不可怕的
　　　　對斷滅見者
死是結束　一切即可放下
　　　　對有神論者
死可上天堂　快樂還來不及呢
　　　　對常見者
死只不過是轉個站
還要繼續下去沒什麼可怕的
　　　　對無常見者
生命是流動的過程
生與死是某階段的始與終
　　　　沒有什麼好怕的
　　　　開悟徹見無我者
無我即無有　我在生在死
生死是緣起緣滅的幻相
　　　　有什麼好怕的呢

摘自《活水源頭》

不知定慧不二
為心本然性功能
禪修的技巧
就無所依
必成心外求法
不論怎麼用功
終不得完成禪修終極目標

摘自《有啥看頭》

Apr

修行者應有其「本參」
即是根本的修行方法
做為修行者本身時時處處安心之法
不論是話頭念佛觀息等皆可
平時用此方法不是為要達到什麼效果
而是調心修心
依此法使心安頓
時時處於平和安穩狀態
若用得上力還能工夫成片
這對密集用功或平日專精用功時段
都有很大的幫助
身心經常處於平穩狀態
待人處事也有頗大功用
減少不必要的煩惱
使開悟的可能性加強

摘自《提起話頭》

Apr

一見有是非
即自我反省
不追究外在
只是往內看
若見是非心
乃為分別心
招感引生來
直從分別心
調和並息滅
分別心息滅
是非即息滅

摘自《回到話頭》

夏之話頭 **04**

Apr

因為一勞永逸的想法
許多人認為年輕時拚命賺錢
下半輩子就可以過安逸日子了

但往往不能如願
不是認為賺不夠
就是欲罷不能

很少能夠真正明白
只要每個階段都過得好
就是過的安逸的日子了
還追求什麼安逸日子呢

摘自《活水源頭》

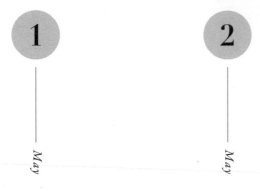

禪心淨
處處淨
淨則安住
禪心空
時時空
空則無住
安住即無住
無住即安住

能夠用心生活
生活就會很美

摘自《頭上安頭》

摘自《話說從頭》

夏
之
話
頭
05

3

May

話頭無言
話頭無相
話頭無心
話頭無緣

摘自《默照話頭》

4

May

自以為聰明
自作聰明
其實也是一種愚癡
因為自以為是
常常就被聰明所誤
可能造作更重的業
或造出更大的錯誤
故少自以為是
一切觀因緣而行

摘自《有啥看頭》

參話頭
參出了胡思亂想
修默照
修出了黑山鬼窟
皆因無正見正方法
若具正見正方法
以正心態依此而修
那是開悟的法門

摘自《話說從頭》

不戀過去　不怨過去
不盼未來　不憂未來
不住現在　不拒現在
時時照見　處處明白

摘自《百尺竿頭》

May

參禪參的是法或法性
但多數參禪者都是參的答案
於是參禪有如猜謎
找到答案或猜到謎底
但與生死大事卻一點也不相干

摘自《認影迷頭》

8

——

May

一時只做一事　不論大事小事
都會全力以赴　盡心盡力知足

摘自《百尺竿頭》

夏
之
話
頭

05

110

9

May

10

May

禪是將追逐外在的快樂
轉向內心的快樂
而至於究竟的快樂
又將之外向分享快樂
而為慈悲的快樂
因此禪修乃快樂之道
禪修者自然是快樂的

仁者無敵
不是打遍天下無敵手
而是走遍天下無敵人

摘自《頭上安頭》

摘自《話說從頭》

沒有永恆
因為沒有非永恆
沒有完美
因為沒有不完美
當下
即是因緣具足之當下
活在當下
一切圓滿
安住當下
無住當下
即是永恆
即是完美

摘自《有啥看頭》

夏之話頭

05

May

不需修行斷妄心　妄心只是心迷惑
本來即無何需斷　真如現時妄心歇

摘自《不住兩頭》

不能覺察自己的妄念
是最大的妄念

想驅走自己的妄念
是另一個更粗的妄念

摘自《活水源頭》

人生其實很簡單
就是讓自己活得
快樂與自在

摘自《紅塵回頭》

夏之話頭 **05**

人因常見我見
對生命有深層的執著
對生命的生死與流轉
又有很深的疑情
故常會在常與無常
我與無我之間
來往思考
矛盾而困惑
若依此而入於佛法的修行
生命的參究
就是得見本來面目的推動力了

摘自《默照話頭》

16

May

摘自《認影迷頭》

夏之話頭

05

May

壺皆有方圓　方圓若平衡
壺形就好看　泡茶功能佳
人亦有方圓　內方而外圓
內方有原則　外圓能隨緣

摘自《不住兩頭》

話頭的猛烈在疑情
疑情需要善巧方法才能問出來
還必須與內在對生命的疑情相應
話頭的疑情才能凝成疑團
而猛烈有力

摘自《分水嶺頭》

19

無爭不只不與人爭
亦不與己爭
對人無求
對己亦無求
了解小我與大我
之間的互動
明白自己的能力
與所能付出的
盡心盡力去做
其他的就隨緣了

摘自《紅塵回頭》

20

人生本沒所謂的意義與價值
但人活著是一個事實
於是建立意義與價值觀
讓人有活下去的理由
但這是外在的
如果直透生命本質
直見生命本來面目
那才是真正內在的意義與價值

摘自《話說從頭》

夏之話頭

05

21

— *May*

當前一念　承先一念　啟後一念　念成輪迴
念念流轉　所謂前後　皆是相對　無絕對性
念念流動　念念無常　念念無我　念念無住
念念不二　念念性空　念念隨緣　念念自在

摘自《默照源頭》

22

May

23

May

一切問題皆因執取而有
若不執取
一切就不是問題了

摘自《頭上安頭》

悟即悟無我　因而得解脫
無我非無去　生活中之我
乃無去自我　中心之執著
自我中心無　一切煩惱脫

摘自《百尺竿頭》

夏之話頭 **05**

24

May

解脫
只是沒有煩惱
不是沒有生活

解脫
只是沒有自我中心的執著
不是沒有活著的「我」

摘自《活水源頭》

May

心中無事
卻常常把外在的種種事
都掛到心裡頭
讓自己心裡有了很多事
再為這些事
牽腸掛肚
若知心中本無事
讓一切事回到事本身的因緣
心中對事毫無牽掛
雖然仍是面對處理
但事歸事的因緣
心歸本來無事的心
事的因緣生生滅滅
而無事的心不生不滅

摘自《默照源頭》

夏之話頭

05

26

古人修禪為解脫生死
今人修禪為安頓生活
解脫生死看來比
處理生活問題來得重
但生死解脫了
則生活問題自然也可處理
生活問題安頓了
也自然會趨向生死解脫
下手處著力點不同
但皆為生命之大事也

摘自《又再出頭》

話頭念成片
話頭問疑情
話頭參疑團
話頭破本參
話頭看保任
話頭話平常

摘自《默照話頭》

美食擺在眼前
我們是充分享受
然後放下
還是讓它引發貪念
成為煩惱

摘自《活水源頭》

夏之話頭 **05**

29

May

工夫太緊　提不起來
心境太緊　鬆不下來
用功妥當　工夫要緊
心境要鬆　方器正道

摘自《百尺竿頭》

一個人無論如何努力
總會有力不逮之處
不論如何精勤
也總會有無法完成的修行
或某些事業
若悟此點
則事事放手去做
不問收穫
做到哪裡就是哪裡
能繼續則努力去做
不能做則休去
豁然自在

摘自《紅塵回頭》

夏之話頭 **05**

曹溪一滴水　非源自曹溪
非始於面壁　非從拈花起
始於無終時　終於無始際
走過無中界　不留無邊處
放下雜染識　不住清淨心
有中他無相　無中他不在
有家非歸人　無家非過客
　　　　　　教我如何說

摘自《提起話頭》

要先將「我」
不論是大我小我真我假我
以及種種的自我
都清楚地知道了
才知道無我要無去的
是哪一個「我」
才能正確地無我

摘自《默照話頭》

行善當及時　因緣剎那過
若未把握好　失去善因緣

摘自《百尺竿頭》

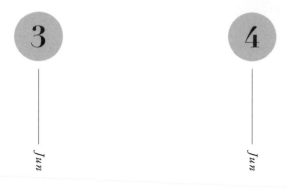

3
—
Jun

4
—
Jun

學佛之後
心量是愈來愈寬大
還是愈來愈狹小
這也是重要的內省工夫

摘自《何處盡頭》

我們從來不曾擁有
又何來失去

一切法從來不生
又何來有滅

摘自《活水源頭》

禪修者若以慧為本
修定而不執其相
知為過程
漸而依安定之心
做觀想或覺照
見一切無我
證得智慧才能解脫生死

摘自《默照話頭》

6

——

Jun

本來面目　無面無目
無言無語　無示無説
　　一落言詮即乖
　　只有通過方法
一層一層剖開　而至於無
或將之凝成團　再爆炸之
　　　自然現出
　　　本來面目

摘自《提起話頭》

夏
之
話
頭

06

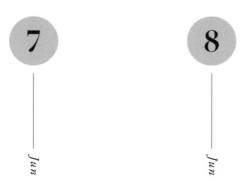

7

Jun

8

Jun

禪修的方法是死的
修禪的人是活的
方法用死了
當然用不上力
方法用活了
自然用上去了

欲求多過需求
想要多過需要
就是苦的起點

摘自《活水源頭》

摘自《默照話頭》

一個人不論做得多好
還是會有他人不喜歡
討厭乃至有敵意和仇恨的
佛陀也沒逃過這種狀況
如果因這些人的態度而改變自己
或去爭辯
那是很費力且不必要的
因為改變不了這些人的角度和態度
因此把自己做好
繼續努力改進自己
就是了

摘自《不住兩頭》

夏之話頭 **06**

10

希望不好的快過去
希望好的會持續
擔心好的會失去
害怕不好的不肯去
心就會有很多煩惱
這皆是不安狀態
是人心的執著
如果知道一切無常
接受一切的緣生和緣滅
放下執著
心就放鬆了

摘自《何處盡頭》

11

生時一絲不掛
整個成長皆因外緣扶助
但人仍對所得所有的一切
感到不滿足
因此人才會因不斷地追求
而引生種種的苦
若感恩一切所得所有
就能滿足
知足則常樂
若再有報恩之心
就能分享所得所有
那人生就快樂了

摘自《話說從頭》

夏之話頭 **06**

12

Jun

13

Jun

每天都會有不同的因緣
因此每天的狀況
都不會相同
不論什麼狀況
不去分別好壞
只是清楚照見
安住當下
過後放下

摘自《活水源頭》

禪者執著有開悟的相
而追求開悟
當然無法開悟
因開悟是無心無相的
有追求開悟的心
又有開悟的相
自然不具開悟的條件
如何開悟呢

摘自《又再出頭》

Jun

禪修即是讓行者
在修行過程中
從外在的自我
到身心的自我
進入內心的自我
再一層層地深入心的自我
見到了最內層的真我
破此真我而無我
解脫自我的迷惑與煩惱

摘自《認影迷頭》

15

Jun

話頭直從心未生起處切入
修慧而從心深處下手
故都攝六根而隔絕外緣
雖似定而非定
若見心未生處而見本來面目
心本具之智慧自然流露運行

摘自《默照話頭》

16

Jun

修行不計時間長短
若真用功
剎那不短
若不用功
劫波不長
修一分是一分
修十分是十分
自修自得
別人代替不得
代替別人不得
因此精進用功
是達到修行目的唯一途徑

摘自《紅塵回頭》

17

Jun

執著現在擁有的
緬懷曾經擁有的
期盼想要擁有的

心就沒有空間了
也就不自在了

摘自《活水源頭》

18

Jun

話頭依真我而無我
話頭從集中心
統一心而參出疑情
對內深入探究
剖開重重雜染
終而見本來面目之真我
原來也是空無我的
故而開悟

摘自《又再出頭》

話頭的用功處在念話頭和問話頭

而這兩個階段的工夫

是要用心作意地提起話頭

是有功用行的

故才是用功所在

凝成疑團而參話頭時

已是順著方法而進入

是無功用行而自然運行

故非用功處

而看話頭則在破參後的保任工夫

隨緣而行

亦非用功所在

摘自《不住兩頭》

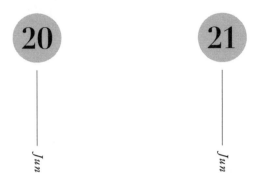

20

Jun

人的智慧有高下之分
人的本性卻沒有

摘自《默照話頭》

21

Jun

且把前生來世放下
就把今生過好
且把過去未來放下
就活在當下

摘自《棒喝當頭》

22

Jun

是非以不辯為解脫
沉默不是默認
而是了解到
信任的人不必解釋
不相信的人解釋也沒用
半信半疑的人
就讓他們自己用智慧去判斷

摘自《不住兩頭》

夏
之
話
頭
06

23

—

Jun

在生活中享受美好的東西
但不染著
有的時候不抗拒
無的時候不追逐
以平常心應之
就是禪味了

摘自《回到話頭》

Jun

生時不帶來　死時帶不去
世間萬般物　無有屬我者
若能見乎此　得時享不染
失時捨不憂　得失心俱泯
已泯得失心　世間萬般物
無得亦無失　生死隨緣渡

摘自《分水嶺頭》

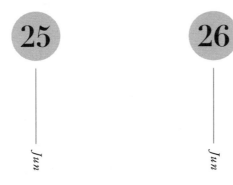

25

Jun

26

Jun

自性清淨
迷則不見
悟者見之
或可以說
不見者迷
見者即悟
如此簡單

本來面目即空
空即無相
故一切相無相

摘自《默照話頭》

摘自《回到話頭》

27

Jun

尚有修行相　　便未達究竟
究竟即無相　　無相便平常

經歷種種相　　而能捨諸相
不執修行相　　即無相修行
無修行諸相　　回歸於生活
生活即平常　　平常即生活

平常心行道　　平常心是道
其中有深意　　直心自流露

已無修行相　　不顯修行相
無需相表現　　亦無由得見
若心心相印　　不需多言語
相視只一笑　　深心默契之
縱使不相應　　心亦能感應
溫馨而親和　　親近能獲益

摘自《百尺竿頭》

28

——

Jun

日子要過得從容自在
就得讓生活簡單
少事少惱
這得從欲求的減輕著手
若能空去一切的追求
那就究竟解脫了

摘自《紅塵回頭》

29

Jun

給人方便
往往也是給自己方便
只顧自己方便
忽略了他人方便
常常會造成雙方都不方便

摘自《頭上安頭》

夏之話頭 06

30

Jun

相應的都容易放鬆
不相應的就容易緊繃
每天生活如此
遇事如此遇人如此
禪修也是如此
相應的方法用得上就放鬆了
同樣的能放鬆的就相應
而心為根本
若心能放鬆則一切皆放鬆
一切皆相應了

摘自《不住兩頭》

春夏秋冬

之話頭

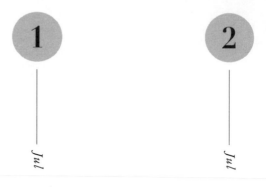

1

Jul

2

Jul

生死心是想要知道
生命本質的好奇心
也就是生命的疑情
依此而修方能入道

念念分明
念念覺照
念念無住
念念無念

非畏懼死亡而知死亡
乃生命旅途中的過程
看透生死看透死亡
心就解脱了

摘自《默照話頭》

摘自《分水嶺頭》

秋之話頭 **07**

3

——

Jul

世人有所求　禪者無所求
有求有所得　無求無所得
有得有所失　無得無所失
有失有所惱　無失無所惱
有惱即是苦　無惱即無苦
有苦不自在　無苦便自在

摘自《認影迷頭》

4

Jul

禪修八做

做什麼　修禪用功

如何做　方法應用

要做好　善巧原則

為何做　明心見性

依何做　根本原理

禪期做　密集用功

平時做　平常日用

做好了　明心自在

摘自《又再出頭》

5

Jul

世間人　種種相　各有角度和立場
無法滿足每個人　無需因此而受擾
各人生死自己了　各人修行各受用
度人助人乃義務　行有餘力盡力為
義務無法做完美　若有招嫌莫難過
應做的事繼續做　應捨之事就放下

摘自《不住兩頭》

6

Jul

一切法無常生滅
無常的心見無常的境
若心能見境剎那生滅
心亦剎那生滅
剎那生滅的心
與剎那生滅的境
同時流動著
便無有生滅之相
故一切法不生不滅

摘自《默照話頭》

秋
之
話
頭

07

看似忙碌的生活
如果只是一種現象
心是放鬆的
那心就是不忙了
如果知其為過程
不來不去
那就自在了

隨緣隨宜隨適意
隨時隨處隨自在
隨心隨欲隨規矩
隨法隨性隨解脫

摘自《活水源頭》

摘自《話說從頭》

心法無高下　根機有利鈍
利鈍非天生　乃磨鍊而成
久遠用功者　根機較磨利
所謂鈍根者　只是起步遲
利從鈍中磨　無鈍將無利
故見利根者　能修頓悟法
鈍根者莫羨　只需自覺察
自鈍開始磨　久之亦能利
利根者勿憍　滯或增上慢
利根亦轉鈍　除慢更精進
利鈍非絕對　皆與修有關
有修有磨利　利鈍終皆悟

摘自《認影迷頭》

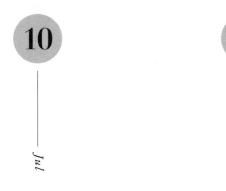

緣起法則對禪修而言
太重要了
能體悟緣起法則
就十分相信因果
生死就解脫了

摘自《有啥看頭》

不因富裕生染心
不因貧陋起瞋念
不因方便順水推
不因不便逆心意

摘自《活水源頭》

12

—— *Jul*

默照無能所　話頭無時空
默照無內外　話頭無來去

摘自《默照話頭》

13

Jul

話頭禪法可用止觀的置心一處入
也可以用默照的能所統一境入
一心入則易隔絕外緣
統一心入則仍與外境互動
至於悟境的深淺
乃視疑團的大小

摘自《何處盡頭》

念念不忘眾生
念念不戀眾生
念念不捨眾生
念念不執眾生

摘自《默照話頭》

拖著死屍的是誰
迷者活著的死屍
而心已死去
悟者心活著
屍是死是活已不重要

摘自《不住兩頭》

16

Jul

無論在哪裡
都吃得好
睡得好

無論在怎樣的環境
都放下自己的生活習慣
隨順環境

即是隨遇而安
隨緣無住

摘自《活水源頭》

17

Jul

話頭破參見本性
智慧顯發
時時以本來面目
應對一切因緣之本來面目
回應自然能恰到好處
不造業不流轉

摘自《默照話頭》

秋
之
話
頭

07

168

18

入定者不受干擾
故不受傷害
但出定後
能否如此
視其定力深淺
見空性者
心空無執著
無分別心
言語道斷
不見有傷害與受傷之相
故不擾人不傷人
自亦不擾不受傷
自信而自在

摘自《話說從頭》

19

Jul

有禪者只想學開悟的方法
而不想學修行的方法
但開悟的方法只有開悟者修
而開悟者又不需修什麼方法
所以就沒有開悟的方法
只有修行的方法
因此老老實實地學修行的方法
才是正確的態度
才是正道

摘自《認影迷頭》

秋
之　07
話
頭

20

Jul

學佛乃為了生死　　生死之心若不切
修行目標不明確　　方向無從來建立
生死心切因知苦　　知苦乃知因果法
輪迴生死為大苦　　知苦學佛以斷集
苦滅方為了生死　　苦滅需修八正道
正見緣起依此修　　目標明確方向正
從身口意去調正　　漸次進入正念定
依正念定證緣起　　證悟無我得涅槃

摘自《有啥看頭》

對生死有通透了解
並能通達兩邊
不滯於一邊
對來世乃至未來際
有重要使命需完成
又知此使命不能離開現世
必須在現世中去進行
如此則兩邊貫通了
生死的問題
才能真正安頓
生命的價值才能充分發揮
知生知死
知死知生
一切圓滿

摘自《不住兩頭》

22

平時用話頭時
只是輕輕提起念之
保持身心的放鬆
並與話頭時時相應
以話頭攝心安住
方法用上身心放鬆
妄念減少
在禪期時
全心投入去問去參
疑情易起疑團易凝
若有因緣破參見性
便非不可能了

摘自《默照話頭》

Jul

Jul

禪緣無心即開悟

一切唯心造

禪法調心

心亦因緣有

迴觀返照

緣起性本空

層層透入

心空一切空

層層剖開

粉碎虛空

一切唯心造

無相無心

心性本空寂

見性開悟

空寂即清淨

話頭禪也

心淨一切淨

摘自《紅塵回頭》

摘自《活水源頭》

秋之話頭 **07**

25

Jul

應留下來的就會留下來
沒留下來的就是不需要留下來的
因此對這一切都不必在意
也不必強求
只要隨緣就好了

摘自《默照源頭》

26

Jul

生命有疑情
這是話頭的根本
以話頭的方法引動此疑情
是用方法的原則
通過參話頭而凝成疑團
破參而開悟
是話頭的目的
都清楚而相應了
就得力得受用了

摘自《話說從頭》

秋
之
話
頭
07

27

Jul

開悟證性時
自然是言語道斷
但弘法仍需語言
故從不可說中去説
要説出不可説的真諦
從不可説中之説去聞
要聞出不可説中之説的實相
如此就得以悟性
即佛性來説來聞了

摘自《默照話頭》

28

—

Jul

很多經歷
是一而不再的
因此更要能惜能捨
惜而無憾
捨則不戀
無憾心安
不戀心空

摘自《頭上安頭》

秋之話頭 **07**

29

Jul

一心不亂持念佛
轉向還觀念佛誰
參禪話頭凝疑團
打破疑團露佛光

摘自《有啥看頭》

禪修無目的　開悟不可求
單純只用功　一切都放下
一心用方法　先紮穩基礎
止若已成就　修觀便簡單
傳統作觀想　話頭或默照
不論何種觀　只管用方法
不重複經驗　不求有境界
因緣具足時　開悟果自熟

摘自《認影迷頭》

秋
之
話
頭
07

定中所得到的種種體驗
出定時便失去
故無法帶入生活中應用
因此對禪修者
意義與價值不大
但通過禪修而開啟的智慧
卻能使用於生活中
幫助處理及解決一些問題
尤其無常無我的智慧
更能幫助心從煩惱中解脫
因此有很大的意義與價值
禪修者應放捨定中的經驗
而開啟智慧解脫生死
才是真正的禪者

摘自《默照話頭》

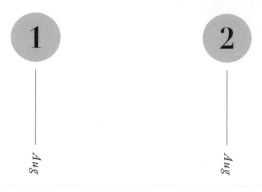

修行無它
通過修行
身心自在
生活自在

摘自《活水源頭》

心如明鏡　映照一切
佛來佛現　魔來魔現
佛來不迎　魔來不拒
佛去不留　魔去任去

摘自《不住兩頭》

秋之話頭

08

3

Aug

4

Aug

禪以放鬆為核心
從禪修方法的放鬆開始
到禪悟體驗的放鬆完成
就是不斷學習
如何放鬆的過程

摘自《話說從頭》

見性自有見性緣
萬般追求皆不成
一切追求皆放下
見性因緣自現前

摘自《默照話頭》

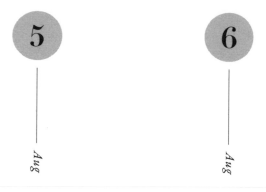

未悟之心有分別
已悟之心無分別
未悟之心有悟與不悟
已悟之心無悟無不悟

摘自《又再出頭》

開悟似在一念間
故曰頓悟
但開悟的當下
是無念的

摘自《默照話頭》

Aug

每個人對人對事的角度都不同
有人從負面看世間
多看到他人的缺點
和事情的負面
有人則從正面看世間
看到他人的優點
看到事情正面作用
有的人則分不清而混著看
有人則超越了
不落任何一邊
卻能隨順因緣
讓人發揮優點
讓事情趨向正面

摘自《不住兩頭》

8

Aug

生死心不是畏死心
許多人將怕死的心看成是生死心
因此修行時倍感壓力
強迫性的逼自己用功
結果當然是輪迴依然
畏死反而掉入輪迴生死

摘自《分水嶺頭》

秋之話頭 **08**

Ang

覺得委屈
其實是一種自卑
因覺得不受尊重
這也是一種慢心
以自我為中心
對他人有所要求
尊重或特殊待遇
不符合則有委屈的感覺
若無慢心
不起分別
一切平等看待
便不覺有所要求
自無委屈之感了

摘自《話說從頭》

話頭的關鍵處在問話頭
因為話頭的重心在疑情
問才能引發疑情
但在什麼身心狀態才能提問話頭
這就是話頭的關鍵處
問對了時機話頭就是良方
問錯了時機話頭也會成毒方
故對此的判斷與抉擇
是決定性的關鍵所在

摘自《不住兩頭》

11

Aug

話頭禪法亦可直由念話頭入
而達到話頭與心統一
再問而生疑情
參而凝聚疑團
破參見性
用功方法則時時處處
提起話頭即可

摘自《何處盡頭》

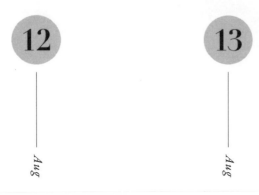

12

Aug

13

Aug

一切本然自成
本來面目見之
本來面目應之
本來面目安之

摘自《默照話頭》

人　要活得有趣
有情趣有樂趣
有趣味有趣向
有情趣則不枯燥
有樂趣則無苦惱
有趣味則可品嘗
有趣向則知所歸

摘自《頭上安頭》

秋
之
話
頭
08

14

想用禪修方法
解除心中的煩惱
卻不知煩惱從何而來
縱使對治了浮現的煩惱
卻無法根除
如此治標而不治本的禪修
是大部分人的應急方便
無法獲得禪修最大的受用

摘自《有啥看頭》

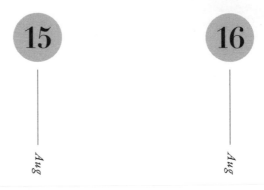

直從禪心見實相
莫從他處覓菩提
禪心實相皆無相
見即不見不見見

摘自《默照話頭》

瞻前顧後的
掛過去憂未來
心就容易繃緊
只是照顧當下
隨緣做好當下的事
心就放鬆了

摘自《話說從頭》

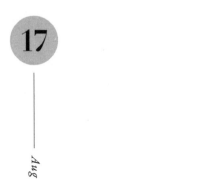

17
—
Aug

18
—
Aug

禪修是放鬆的
不是加緊的
是用心的
不是用力的
若錯用了
弄巧反拙
適得其反

摘自《何處盡頭》

想要的沒得到
要放下
沒想要的得到了
也還是要放下

摘自《分水嶺頭》

19
——
Aug

參破話頭見空性
若心未統一而參
則如猜謎找答案
一大堆答案現前
隨抓答案當開悟
原來開誤非開悟

摘自《話說從頭》

秋之話頭 **08**

異象是一般人會追求的
佛法則説無相
無相中種種異象常相皆含其中
只求異象者見不到常相
更見不到無相
見無相者見一切相
禪者見無相

摘自《默照話頭》

佛經論典祖師語錄公案
不論把佛法禪悟講得多美多好
都不如行者親身實踐
親自體悟來得真實美妙
佛經等文義法或文字般若
畢竟都是他人的體驗
只有自己去修去證
才是自己的體悟

摘自《有啥看頭》

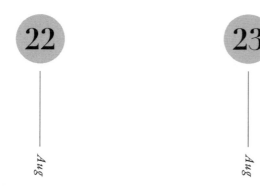

用話頭必須不用力
用話頭必須心統一
用話頭必須有疑情
用話頭必須還向心

摘自《分水嶺頭》

悟者識心見性
迷者不識不見
或者知而不見
或者聞而不懂
或者不聞不知

摘自《回到話頭》

24

Aug

散亂妄心參話頭　攪起深層多妄念
強行用力心更散　若不紓解心狂亂
清明一心參話頭　引動疑情凝疑團
層層進入心深處　參破疑團心開悟

摘自《認影迷頭》

秋
之
話
頭

08

25

Aug

做事時
不要總是急著把事做完
而是要能用心地
把事做好

摘自《活水源頭》

依緣起性空之法則
見生活中的一切皆平等
並以歡喜心去接受及處理
而後放下
那就是禪

摘自《默照話頭》

秋之話頭 **08**

27

Aug

一切現象皆有正負兩面
看自己的心
如何去看待而已

摘自《分水嶺頭》

28

尋找或製造的疑情
都是妄念
尋找的心就是大妄念
製造出來的也只是意識中的妄念
故皆當捨下
否則當這些妄念
凝聚的假疑情失去時
會誤以為疑情脫落
卻不知只是被其他更大的妄念蓋住
或掉入無記而不見
故覺無味
這是用話頭者要當心的

摘自《回到話頭》

29

Aug

得此失彼　得彼失此
得中必失　失中有得
得失之間　一念之間
得失輕重　智慧抉擇
得失緣起　本性即空
無得無失　不增不減

摘自《話說從頭》

30

Aug

生死解脫不是沒有生死
而是沒有生死的恐懼心
因見生死的真相
不再對生死的現象起煩惱
解除對生死的恐懼心
能隨順生死而自在

摘自《不住兩頭》

秋之話頭 08

31

Aug

回轉直見自性清淨
到處隨時定慧一體
話生當下一行三昧
頭念起即本來面目

摘自《回到話頭》

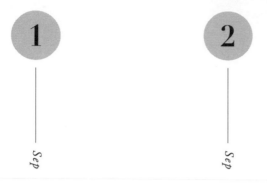

1

Sep

2

Sep

每人都想得到最好的
但能力不足
條件未具時
不妨將現擁有
能力所及
因緣所具的
視為最好的

好的心態
看的都是好事
不好的心態
只看到不好的事

摘自《活水源頭》

摘自《話說從頭》

秋之話頭 **09**

學佛是從苦向樂
故應該愈學愈樂
愈學心愈能開闊
那才是在正道上
若是愈學心愈苦
愈學心愈是恐懼
變成是離樂得苦
那是背正道而馳

平常是正常
無常是正常
正常是正常
一切皆正常

摘自《回到話頭》

摘自《認影迷頭》

默照無心　話頭無相
默照無住　話頭無念

摘自《默照話頭》

刀的利是磨出來的
根機的利也是修來的

摘自《何處盡頭》

秋
之
話
頭

09

Sep

應是自己的責任時
就盡心盡責
若非本身的責任
就由負責者承擔

盡心盡責後要放下
他人承擔時要放心

摘自《活水源頭》

8

Sep

生命的疑情源自心的自覺
故非妄念能生
若參話頭時
以妄心用功
只會有相似疑情
或假疑情而非真疑情
需心與話頭統一
至妄念不起或不擾
方能引動或喚醒真實疑情
話頭才能參出力量和味道
才可能破參開悟

摘自《又再出頭》

秋之話頭 **09**

9

Sep

沒有因果觀念
就沒有生死輪迴的知見
沒有生死輪迴的觀念
何來生死解脫的修行目標

摘自《有啥看頭》

10
——
Sep

參話頭入於疑團
能所統一
破參時則破此統一境
故能所泯除
一切相對分別泯滅
見平等性而隨順安住
於一切因緣中
心也自在了

摘自《默照話頭》

秋
之
話
頭
09

11 —— *Sep*

12 —— *Sep*

發生過的事
不可能改變
但可以現有的因緣　　　不對立
調整自己　　　　　　　不與爭
以正確心態　　　　　　隨緣行
正向未來　　　　　　　心自在

摘自《分水嶺頭》　　　摘自《有啥看頭》

有生才有滅
不生則不滅
緣起本性空
不生亦不滅

煩惱性本空
生滅相虛幻
若見煩惱性
煩惱相不生

不生則不滅
不滅亦不生
即無有生滅
更何有煩惱

摘自《活水源頭》

14

Sep

諸法空相	身心實相	不生不滅	不增不減
現實世間	現實身心	生生滅滅	增增減減
支離破碎	雜亂散漫	迷惑不覺	苦惱不堪
故需方法	收攝身心	置於一處	統一身心
統一境中	整體覺照	見法空相	身心實相
本然具足	不增不減	本來面目	不生不滅

摘自《又再出頭》

Sep

再忙再緊的生活
也要留空間給自己
再趕再急的時間
也要放鬆自己的腳步
隨時隨處
欣賞人生中的美好
分享他人的美好
享受環境中的美好

摘自《何處盡頭》

秋之話頭

09

16

Sep

禪修固然不是要得到什麼
也不必是要失去什麼
而是讓生命以本來面目生活
不增不減無得無失

摘自《分水嶺頭》

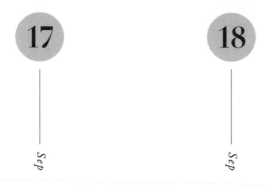

觸境清楚不生情
處事明白不動念
待人親切不攀緣
起心了然不染著

摘自《活水源頭》

專注與覺照統一
在統一境中
提起話頭而與心統一
內向深入而問參
與內在的疑情結合
凝成疑團
參破疑團
而見本來面目之空性
即是話頭的開悟

摘自《認影迷頭》

秋
之
話
頭

09

心本性是空
不是心還有一個叫空的本性
不然就掉入本性與事相的對立
空又變成一個「有」的東西
心的功能是依緣起而運作的
故其本性即空
這是一切法一切心的普遍性本質

摘自《回到話頭》

20

Sep

公案或話頭　其猛屬內在
非外在用力　故心需安定
先以止定心　或正念安心
心安一境時　方向內問參
此時妄念少　不成障或擾
內外力猛烈　破參方可成

摘自《話說從頭》

秋之話頭 09

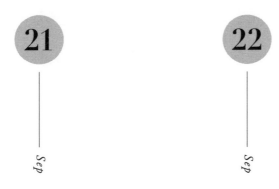

21
Sep

22
Sep

知悟不求悟
一心只修禪
因緣具足時
應悟自然悟

摘自《分水嶺頭》

智慧是自己修證的
如果不修智慧
是不能解脫的
學得再多
講得再多
都是他人的知識
終究不得解脫

摘自《默照話頭》

Sep

諸法本性為法性　眾生本性為佛性
個人本性即自性　一切本性皆空性

摘自《回到話頭》

秋之話頭

Sep

好的相對就是壞
愈好相對的愈壞
人都想要好而不要壞
兩者是相對故同時存在
若不要壞就不要好
超越好與壞的相對
就是不好不壞
就是平常
但這不能從事相去看
必須從理性去透入
用心去體會
這就是平常心

摘自《何處盡頭》

Sep

生死心不切
禪修目標不確立
禪修沒有力量方向
力量就提不起來

摘自《有啥看頭》

26

Sep

公案或話頭　最忌用猛力
氣憋情緒壓　終而需發洩
洩氣或情緒　從緊而放鬆
有舒放感覺　或有狂喜感
但只是發洩　非真有體驗
勿誤為開悟　否則犯大誤

摘自《話說從頭》

Sep

無論是什麼境顯現
好的壞的美的醜的
善的惡的等等
只要對境起染著
就會形成流轉
心就不得自在
而只要一念不染
此一念即解脫
若念念不染
則究竟解脫了

摘自《默照源頭》

秋之話頭 09

28

Sep

話頭從師授　看似為外在
若不明其用　會往外追逐
若明用話頭　實引動疑情
生命之疑情　眾生覺性中
往往未啟動　故需由外入
應用話頭時　啟動此疑情
根本仍在內　明此方有效
方法若有效　依之得見性

摘自《不住兩頭》

想要求開悟　開悟離更遠
開悟非求得　須得因緣具
放下求悟念　一心專用功
因緣具足時　水到渠自成
刻意覓好句　好句卻不現
好句本天成　心粗見不著
不去求好句　深心細思惟
心靜自清明　好句自然現

摘自《頭上安頭》

30

Sep

世俗的努力
是追逐　是得到
禪修的精進
是放鬆　是放下
二者皆是勤
方向不同
方式不同
原則不同

摘自《話說從頭》

春夏秋冬

之話頭

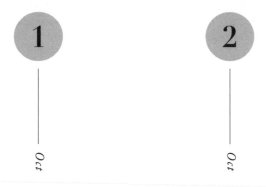

1

Oct

2

Oct

證悟空性　實相無相
無人空法　生死解脫

摘自《有啥看頭》

既無得失何需修
也不增減何需悟
正因修方知無得失
正因悟方知不增減

摘自《又再出頭》

冬
之
話
頭
10

232

3

Oct

我看鏡中人　鏡中人非我
離他不見我　離我即無他
我與鏡中人　緣具相互見
豈僅他非我　我亦非真我

摘自《百尺竿頭》

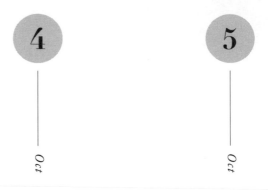

4
Oct

5
Oct

自討苦吃非了苦
苦報現前不逃避
面對接受並調整
苦盡方能有回甘

摘自《默照源頭》

應享的福報
不必刻意丟棄
不應享的福報
不必勉強追求

摘自《何處盡頭》

冬之話頭 **10**

禪者當離文字相
直覺當下如是相
透見如是相無相
滅諸戲論文字相

於無相中再現相
處處無相處處相
處處有相實無相
無相有相皆實相

既皆實相不著相
度生隨緣示諸相
諸相直指如實相
眾生契緣見無相

摘自《頭上安頭》

熱愛生活享受生活安住生活
卻不追逐不汙染不執著
心安於生活的真實而出離生活的虛妄
就是真正的禪者
真正的生活禪者

摘自《不住兩頭》

8

Oct

9

Oct

雜妄念中
只要有一念是清淨
就是自性清淨作用顯現
清楚知道問題　　　　讓此淨念相續
但心不被問題干擾　　淨緣現前
那問題就不成問題了　淨業就成熟了

摘自《分水嶺頭》　　摘自《回到話頭》

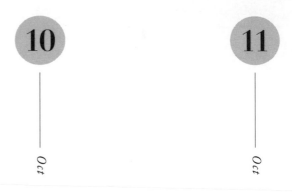

10

Oct

11

Oct

天氣善變　難以捉摸
隨機應變　心平氣和
世事如是　變幻莫測
隨緣應對　心安平安

摘自《默照話頭》

因緣有
自性無

假我有
真我無

摘自《活水源頭》

順境心感恩　逆境易生怨
恩怨一念間　上下卻有別
感恩心增上　怨心增苦惱
逆境轉感恩　順逆俱增上
逆境或順境　有障有增上
不論逆或順　皆感恩接受
由於感恩心　逆順增上緣
對修行度生　增進至成就

境界現前時　並無順逆相
人心有分別　境才有順逆
順心與逆意　只是相對相
順利一念間　自心可抉擇
念念轉順心　境境成順緣
縱使成順緣　仍處世間相
順逆本性空　不落相對境
若見其空性　超越向解脫

摘自《百尺竿頭》

懺悔不是對自己的懲罰
而是給自己改過改進的空間

摘自《何處盡頭》

14

Oct

15

Oct

不修的心
被外境轉
修定的心
隔絕外境
智慧的心
入境不轉
慈悲的心
轉境為善

想在一時中做種種事
結果是件件都做不好
只在一時中做一件事
就把事件件都做好了

摘自《活水源頭》

摘自《分水嶺頭》

16

一句話頭　二六時中
通身上下　全在其中

金剛寶劍　提在手中
所向披靡　陷陣衝鋒
佛來佛斬　魔來魔斬
劈開虛空　寶劍無蹤

入畢竟空　諸戲論空
但住空中　猶非吾宗
出畢竟空　門門皆通
用盡機鋒　妙哉吾宗

摘自《百尺竿頭》

冬之話頭 10

17

一個呼吸就是整體因緣
一個呼吸在整體因緣中
整體因緣在一個呼吸中
悟到一個呼吸是空
就悟到整體因緣是空

摘自《何處盡頭》

18

一些以往不看的書
一些以前不以為然的事
一些之前不認同的人
現在回頭用心去看去認知
有一番不同的體會
心胸一寬大
角度一提高
很多觀點就調整了
心態也較為正面了

摘自《頭上安頭》

冬之話頭 10

來説是非者　即是是非人
聽信是非者　亦是是非人
不説是非者　即非是非人
不信是非者　亦非是非人
不明是非者　捲入是非圈
不超是非者　仍為是非人
明見是非者　不落是非圈
超越是非者　即為解脱人

摘自《百尺竿頭》

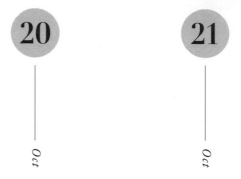

20 ——— Oct

21 ——— Oct

默照入畢竟空
能所雙泯
話頭入畢竟空
本來面目

摘自《話説從頭》

熏習很重要　迷者尚未悟
不見自性淨　尚在流轉中
若能依正見　而常常熏習
原理入於心　原則把握好
持續練方法　終能轉為悟

摘自《回到話頭》

冬之話頭 **10**

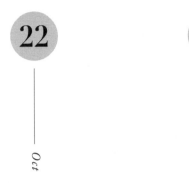

22

Oct

23

Oct

千經萬論
總歸一道
緣起中道
千思萬想
總歸一心
清淨佛心
千方萬法
總歸一門
無門禪門

摘自《分水嶺頭》

失非真失　得非真得
失而復得　得而復失
失失得得　得得失失
只是轉移　只是流動
非真有得　非真有失
此失彼得　此得彼失
所謂得失　只是假相
而其實質　空無自性

摘自《百尺竿頭》

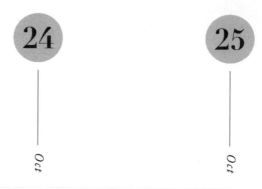

因無明而犯錯
因犯錯而學習
因學習而改進
因改進而提昇
而至於明

摘自《默照源頭》

來去自如
來時帶給歡喜
去時不留懷念
自己自在
他人也自在

摘自《頭上安頭》

冬
之
話
頭

10

26

Oct

一刹那間　照見諸相
悉皆虛妄　打破我見
煩惱脫落　解脫慧生
截生死流　即是開悟

摘自《百尺竿頭》

27

Oct

生命當體即是空
因此無需有目的
但因妄想和執著
需設目的來修行
無目的而有目的
有目的至無目的
一是修行之需要
一是修行之完成
有無目的皆是空
生命圓滿當體空

摘自《認影迷頭》

冬之話頭 **10**

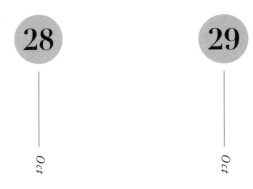

28

Oct

禪修依於佛性
觀空證得空性
話頭頓見自性
默照照見本性

摘自《回到話頭》

29

Oct

做一日和尚　就敲一日鐘
做好本分事　就是在修行
一日不算短　一生不算長
長短本無相　關鍵在用心
用心做和尚　一日解脫因
用心敲好鐘　響聲遍塵剎

摘自《百尺竿頭》

Oct

屬於個人的空間
個人可以安排自己的時間
在大眾的空間裡
個人的時間就會被分割
不能自由運用
但個人若安心當下
在任何似被分割
而不能自由運作的時間內
仍然保持安定隨緣
做事或禪修
就不是問題了

摘自《話說從頭》

冬
之 **10**
話
頭

31

Oct

禪雖不在坐中　須從坐中去修
靜坐收攝身心　身心平和安住
心安靜觀實相　實相性空無性
依有相觀無相　證入無相即禪

摘自《百尺竿頭》

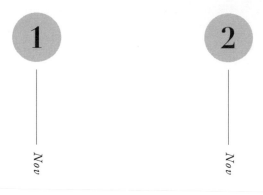

心不自主
外境轉心
心若自主
不被境轉
心若自在
境隨心轉

一個人最大的幸福
不在於他擁有多少
而在於他能捨多少

摘自《頭上安頭》

摘自《分水嶺頭》

冬之話頭

11

3

Nov

自在不自在　不能看外在
外在之自在　常是狂妄相
內心悟法性　體會無分別
事相能隨緣　才是真自在

摘自《百尺竿頭》

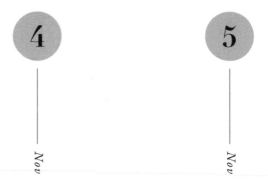

4

Nov

5

Nov

對人有益
讓人歡喜的話
講多多遍都無妨
對人無益
讓人煩惱的話
能少講就少講
最好都不講

摘自《棒喝當頭》

應該來的時候來
應該去的時候去
來時不迎亦不拒
去時不留亦不捨

摘自《百尺竿頭》

冬
之
話
頭

11

不識廬山真面目　只緣身在此山中
本心清淨卻不見　只緣心在雜染中
學法若不識本心　不能開悟空學佛
無益眾生無益己　是故須從本心修

摘自《不住兩頭》

生死實一體
生乃死之生
死乃生之死
因緣現生死
若見生死同
生有何所執
死又何所懼
生死心即滅
已滅生死心
不見生死相
生已得自在
死亦得解脫

摘自《何處盡頭》

每個人都是獨一無二的
每個人的一生
也是獨一無二的
一生中的每一個階段
也是獨一無二的
乃至每一分每一秒
也是獨一無二的

人只能從過去的經驗中學習
不可能重複過去的經驗
人只能從他人的經驗中學習
不可能重複他人的經驗

摘自《活水源頭》

放下是一種自在
放棄則是一種逃避
兩者有時看似相同
但實質不同
因心態與修養差距故

摘自《話說從頭》

戲裡人生戲裡情　戲外人生戲外情
戲裡人生戲一場　戲外人生一場戲
戲裡人生可安排　戲外人生難作主
戲裡人生一場空　戲外人生何嘗實
戲裡戲外盡皆幻　何妨認真演一場
戲裡戲外盡皆空　演完便捨即自在

摘自《百尺竿頭》

人是為己而活
還是為人而活
有時候不為己天誅地滅
有時候不為人活不下去
其實有為己為人之心
皆因有我
有我才有己與人之分
若無我則無己與人之分
也就非為己非為人
活著就是活著
活著應為的事就好好為之
如此而已

摘自《棒喝當頭》

12

Nov

話頭非邏輯超邏輯
不從佛知
不從法知
不從祖師知
不從師父知
只從自心知

摘自《默照話頭》

13

Nov

禪定的樂
多為厭離之樂
智慧的樂
則在遠離
厭離者從事相上去離
遠離者從心態上去離
故厭離者離人群
遠離者不須離人群
只是心遠離

摘自《話說從頭》

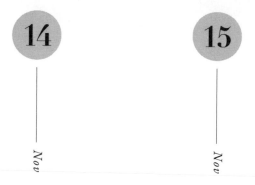

刹那生滅　念念生滅

正見生滅　正念生滅

念念當下　念念安住

念念無念　念念正念

念念無相　念念離執　　　眾生具佛性　佛性即覺性

念念無住　念念解脫　　　覺者悟佛性　故現清淨相

摘自《百尺竿頭》　　　　摘自《回到話頭》

冬之話頭

11

16

Nov

優點缺點皆緣起　優點缺點本不二
事相現有優缺點　本性清淨無優缺
菩提煩惱皆緣起　菩提煩惱本不二
事相現出有二相　本性煩惱即菩提

摘自《不住兩頭》

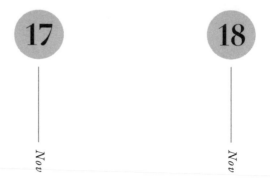

無我慧有多深
菩薩道就行多遠

摘自《默照話頭》

喜憂樂苦一念間
然此一念無自性
無自性故能自主
無念之中住喜樂

摘自《默照源頭》

冬
之
話
頭

11

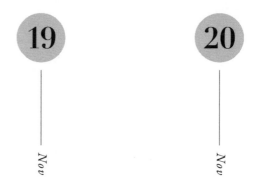

隨遇而安
隨喜讚歎
隨緣自在 　　　眼前都是佛
隨心所欲 　　　心中有佛故

摘自《頭上安頭》 　　摘自《棒喝當頭》

禪不可說
卻得從不可說中說
故說禪時只依禪心
不依世智聰辯
但不妨借此為善巧
故說禪而可行可悟

摘自《默照話頭》

Nov

能不做
不應做的事
就不去做

要做的
應做的事
就用心好好地做

不做的要放下
做好的也要放下

摘自《活水源頭》

參話頭不是為了要找疑情
或製造疑情
有找的意識或製造的
就是刻意的
就成了妄念
生來死往的疑情
是發自內心深處的
平時可能偶爾浮出
但沒什麼力量
若凝聚有力量時
自然能夠往內探入
而話頭的用法不是尋找或製造
是讓心安靜下來
生命疑情由內顯現
再用話頭凝聚而成疑團
那才是話頭的功能與用法

摘自《回到話頭》

冬
之
話
頭

11

24

Nov

歡喜總是沒錯　隨喜自然更好
無論好事壞事　正面接受為先
否則難上加難　接受心生歡喜
然後再行處理　若能轉化更佳
他有好事隨喜　他有壞事勸助
總以正面歡喜　使事轉向清淨

摘自《百尺竿頭》

禪者依空性見無我見
循禪修次第漸進
信方法信老師
信三寶信自己
終能開悟見性

摘自《默照話頭》

當一個人
不論是順境或逆境
皆平等心視之
以平常心處之
那就解脫自在了

摘自《分水嶺頭》

冬
之
話
頭
11

27

Nov

28

Nov

禪修的終極目標
是見到本性
而不是得到什麼
本性不需得到
因為本性從來沒失去

摘自《話說從頭》

禪修開悟的心
會很平靜地面對一切境
因對無常無我的世間
已看清楚
不再被這些境困擾了

摘自《何處盡頭》

29

Nov

文字本非相　世人執為相
故捨本求末　落於相中求
見文字非相　不執文字相
不離文字相　於相中自在

摘自《頭上安頭》

冬之話頭

11

30

Nov

從來沒有觀
也從來沒有不觀
法性本空　何來觀
若不觀　又何以得見法性本空
法性既空　故從來沒有觀
觀既空　故從來沒有不觀

摘自《提起話頭》

話頭既然是心的本來面目
又何需參呢
只要回到念頭未生前便是了
但心的煩惱習氣太重
話題太多
故需以話頭之法
層層剖開探入
直達一念未生之本來面目
便是開悟了

摘自《默照話頭》

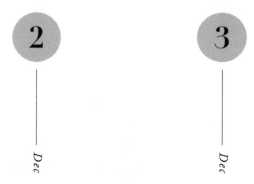

2
— *Dec*

生日一年只一次
因為那是紀念日
若是開悟日日新
日日生日皆好日

摘自《回到話頭》

3
— *Dec*

征服自己方為征服者
征服自己用的是智慧寶劍

摘自《分水嶺頭》

4

昨天的我不是今天的我
但今天的我所受的果報
卻是昨天的我所造的業招感的
明天的我不是今天的我
但今天的我所造的業
將由明天的我去承受其果報

如果今天的我在承受昨天的我的惡報時
覺得是不公平的
那今天的我又有何理由將此不公平
丟給明天的我去承受
如果今天的我歡喜地承受
昨天的我所造的善報
那今天的我就應該將此善報
延續給明天的我

摘自《棒喝當頭》

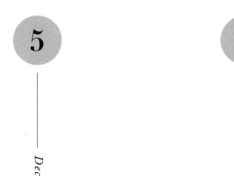

5

— *Dec*

6

— *Dec*

在此世上
唯一能糾正自己的人
就是自己

在此世上
自己唯一能糾正的人
也是自己

摘自《活水源頭》

開悟的人
用清淨心看一切
用空的心應對一切
因此沒有煩惱
又能對人慈悲

摘自《默照話頭》

7

Dec

人窮志不窮　　外窮內不窮
身窮心不窮　　無窮無不窮

摘自《有啥看頭》

冬
之
話
頭

12

細心觀察　　或許發覺　　人之存在　　只在當下

人只活在　　當前一念　　過去已逝　　未來未至
當前一念　　非實存在　　因無一念　　停住不動

凡夫連貫　　過現未來　　形成三世　　生死流轉

修定之人　　住於定中　　切斷過去　　當下一念
失時間相　　失空間相　　未斷流轉　　出定依然

空無自性　　三世相續　　各各非實　　相對存在
於現實中　　不戀過去　　不憂未來　　不住現在
隨順因緣　　時時安住　　當下一念　　和樂眾生

摘自《百尺竿頭》

9

Dec

心外求法　是為外道
心內學法　是為內學
心外求悟　遙不可及
心內見性　當下即悟

摘自《認影迷頭》

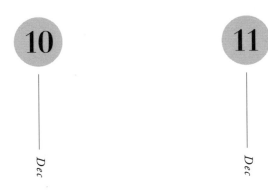

10

Dec

即使開悟了
也不能離開現實生活
因此真正的開悟
是在現實生活中
自在生活的

摘自《默照話頭》

11

Dec

觀照呼吸
充滿感恩
因為
還有呼吸

摘自《活水源頭》

生命是沒有始終的旅程
因此任何一點可以是起點
也可以是終點
既然如此
活在當下即是生命最美的狀態

摘自《分水嶺頭》

人人本具佛性
佛性無相
對許多人來說
是很難明白
或想像的
所以就假借外在的佛相
來明白自心的佛性
具體的譬喻
禪修就好像是在雕刻
自己心中的佛相

摘自《認影迷頭》

Dec

空性中無染故淨
沒有常我的執著
只是隨順因緣流動
因此只有剎那剎那生滅的當下
不留痕跡
心如虛空不留任何雲朵
雲朵只是來去的
所以空中的雲朵從不重複其模樣
心中在面對一切事一切境
也由它如雲朵來去
如此則對任何過去的事
不染著不留痕
才是清淨自性的悟境狀態
要做個悟人而不是迷人

摘自《回到話頭》

冬之話頭

12

就在煩惱生起的當場
把煩惱息滅
就在煩惱生起的當下
把煩惱息滅

緣起無自性
煩惱無自性
煩惱生起
見煩惱是實
就是輪迴
煩惱生起
見煩惱是空
當場當下即滅

摘自《百尺竿頭》

16

——

Dec

把時間縮在很短的階段
把空間縮在很小短的範圍
就會覺得那存在很真實

把時間放遠了
空間擴大了
看到了流變
看到了眾緣
就知道一切都是
虛幻不實了

摘自《活水源頭》

冬
之
話
頭
12

17

Dec

身病心莫病　身虛心不虛
世間種種苦　莫不因身有
若能看得透　五蘊和合身
乃無常無我　不執心自在

摘自《有啥看頭》

人都在流動著當然無住
無有定住之處無有定住之念
也就無有定住的目的
故不需訂下人生目標
而去追求完成
也不需訂下修行目標
而去追求開悟
若真放下了這一切
當下即目標
當下即完成
當下即開悟

摘自《認影迷頭》

19

每一個人
自始至終
只有這一個
因此只有走自己的路
即使在前人曾走過的路上走
所踏的腳步
所走的過程
所留的痕跡
都不會相同
因此只有認清自己的腳步
踏踏實實地
很用心地把每一步走好
個人的人生就圓滿了

摘自《頭上安頭》

開悟的心
一定很富足
因此不會有所求
不會染著於境或物或人

開悟的心
一定很喜悅
因此對外境或人不起厭惡感覺
所以不會有破壞
及傷害的行為

開悟的心
一定很清明
因為有智慧
所以接物待人處事
都能清楚照見整體
就不會有缺失

開悟的心
一定很慈悲
因此總是想將富足
喜悅和智慧與人分享
因此總是努力地弘法利生
為眾生服務

因此開悟的心
必然日日是好日
處處皆吉祥

摘自《默照源頭》

人的一生
都在等待中度過
每一天有每一天的等待
每一年有每一年的等待
許多人就在等待中
讓時光溜過去
似乎很少人是不等待的
那是開悟的人
因為他安住於每個當下
又無住於每個當下

摘自《默照話頭》

Dec

命運不論定與否　凡夫總是想改變
但因皆從煩惱起　改與不改皆輪迴
禪者若已見空性　即知一切皆緣起
改與不改皆戲論　活在當下順因緣

摘自《分水嶺頭》

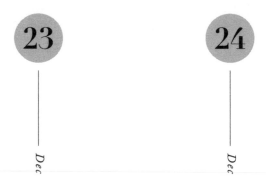

説一丈
不如行一尺
行一尺
不如悟一分

摘自《棒喝當頭》

有我則輪迴
無我即解脫

摘自《頭上安頭》

冬之話頭 **12**

25

Dec

心不安
誰擾了你

心想解脫
誰縛住了你

心想清淨
誰汙染了你

心看人不順
誰瞋恨了你

心想美化生活
誰醜化了你

摘自《回到話頭》

26

Dec

沒有一個「我」在打坐
就是打坐在打坐

一切現象
就是變化的流程
沒有主體
沒有實體

打坐是誰
打坐是打坐

摘自《活水源頭》

身處世間

而心不住世間

心雖不住世間

卻時時關心世間

摘自《分水嶺頭》

禪無相
故一切相皆禪
迷者見相分別
悟者見相無分別
迷者有相而悟者無相
迷者不見禪悟者即禪
迷者不見禪非無禪而是不見
悟者即禪非有禪而是無相

摘自《不住兩頭》

珍惜是因為每一刹那都是永恆的
珍惜是因為每一刹那都是唯一的
珍惜是因為每一刹那都是美好的
珍惜故而每一刹都是清淨的
不戀是因為每一刹那都是流動的
不戀是因為每一刹那都是無相的
不戀是因為每一刹那都是寂滅的
不戀故而每一刹那都是自在的

摘自《頭上安頭》

一句話頭終生用　　初念話頭攝散心
攝心安住問話頭　　提起疑情入深心
煩惱妄念漸擺脫　　從問轉參疑團凝
身心全入疑團中　　一切妄心皆不起
疑團綿密不透風　　緣熟水到渠自成
身心疑團一時落　　晴空萬里明月照
從此無事一身閒　　隨緣隨分度生去
保養聖胎看話頭　　話頭一句用終生

摘自《百尺竿頭》

31

Dec

生死大事需參透
參透生死無大事
大事已了小事小
吃飯睡覺任逍遙

摘自《認影迷頭》

琉璃文學 39

話頭365
365 Huatou Practices

著者	釋繼程
出版	法鼓文化
總監	釋果賢
總編輯	陳重光
編輯	張晴
美術設計	化外設計
地址	臺北市北投區公館路186號5樓
電話	(02)2893-4646
傳真	(02)2896-0731
網址	http://www.ddc.com.tw
E-mail	market@ddc.com.tw
讀者服務專線	(02)2896-1600
初版一刷	2022年2月
建議售價	新臺幣320元
郵撥帳號	50013371
戶名	財團法人法鼓山文教基金會—法鼓文化
北美經銷處	紐約東初禪寺
	Chan Meditation Center (New York, USA)
	Tel: (718)592-6593
	E-mail: chancenter@gmail.com

ﻷ法鼓文化

國家圖書館出版品預行編目資料

話頭365 / 釋繼程著. -- 初版. -- 臺北市：法鼓文化，
2022.02
　面；　公分
ISBN 978-957-598-937-8(平裝)

1.禪宗 2.佛教説法 3.佛教修持

226.65　　　　　　　　　　　　　110020209